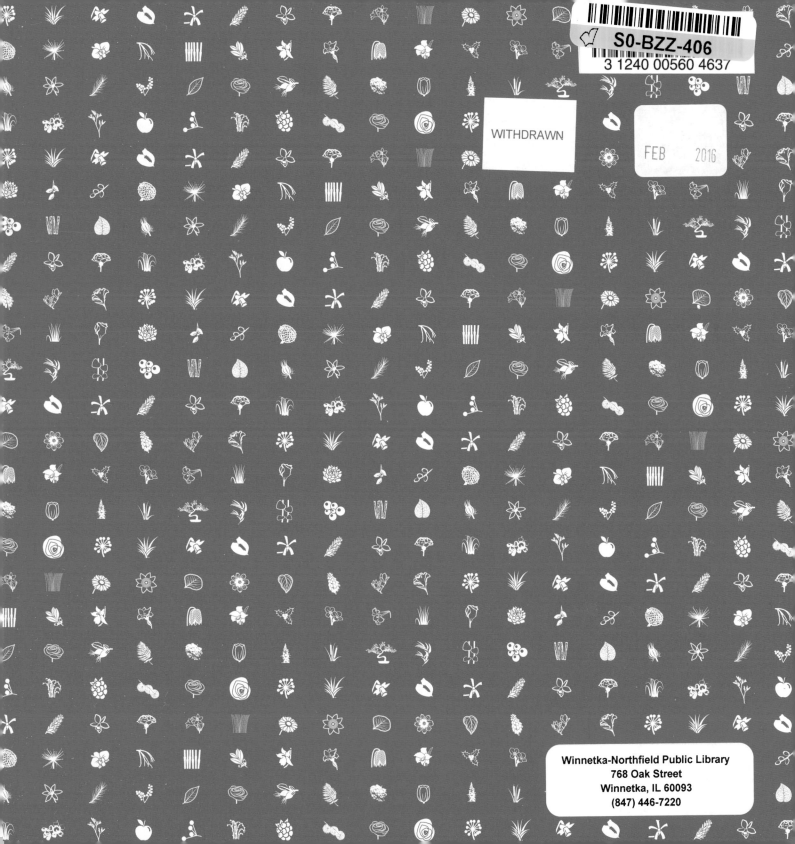

ABOUT FLOWERS

ABOUT FLOWERS

Floral designs by • Bloemwerk van
Lut Verkinderen

Photography: Caroline Monthaye

stichting kunstboek

INTRODUCTION

About Flowers is a short but at the same time comprehensive title. Making flowers shine is our task, almost duty, as professional florists. Flowers are and will always be the stars in our universe. New techniques, surprising colour combinations and unusual, even unconventional, binding techniques make the most of the multifaceted diversity of flowers. Keeping up to date about new techniques and novelties, following trends and constant (re)training are the challenges every contemporary florist has to face.

But just as a nice picture frame adds to the beauty of a photograph of a treasured moment, a fitting vase or container emphasizes the uniqueness of a flower or floral arrangement. In the field of floristry, this is still a relatively uncharted territory. It is a playground full of creative opportunities, where every florist has the chance to make a personal stand.

Custom made containers open new possibilities and are applicable in both indoor and outdoor arrangements. Many of the containers and flower holders in this book are of my own design. For me they act as business cards. They are designed to demonstrate my vision on floral design, they follow my style and show my personality. They are modern, sleek, minimalist and above all versatile. The containers are all-rounders that stimulate creativity and time and again challenge the mind to find fitting new interpretations. Next to that they accentuate lines, shapes and colours and highlight the unique characteristics of materials: the flexibility of Salix, the sturdiness of Kalanchoë, the sensuality of Anthurium, the fragility of a rose...

With *About Flowers* I would like to inspire and invite you to see with fresh eyes, to rediscover and to find new energy and possibilities.

Lut verkinderen

VOORWOORD

About Flowers is een korte maar tegelijk
veelzeggende titel. Bloemen laten schitteren
is onze taak, bijna plicht, als florist.
In ons universum is en blijft de bloem
de onbetwiste hoofdrolspeelster. Nieuwe
technieken, verrassende kleurcombinaties
en onconventionele bindwijzes tonen bloemen
in al hun prachtige veelzijdigheid. Op de hoogte
blijven van nieuwigheden en technieken, trends
volgen en bijscholen is dan ook de boodschap
voor elke eigentijdse bloemist.

Maar net zoals een mooi ingelijste foto
een herinnering nog wat mooier kan maken,
zet ook een gepaste vaas of creatieve
houder de schoonheid van bloemen extra
in de verf. En laat net dat een domein zijn
waarop we als floristen nog onze eigen
stempel kunnen drukken. Het is een
nog grotendeels onontgonnen terrein,
een speelveld vol creatieve mogelijkheden.

Custom made houders openen nieuwe
toepassingen met plantaardig materiaal,
zowel voor het interieur als de tuin.
Vele van de houders in dit boek zijn eigen
ontwerpen. Voor mij zijn het visitekaartjes,
vormgegeven om mijn stijl, persoonlijkheid
en visie op bloemen uit te drukken. Ze zijn
modern, strak, minimalistisch en vooral
veelzijdig. Het zijn allrounders die tijdens
elk seizoen de creativiteit prikkelen en
uitnodigen om telkens opnieuw na te denken
over een passende invulling. De houders
benadrukken de eigenheid van het materiaal;
de buigzaamheid van Salix, het robuuste van
Kalanchoë, het sensuele van de Anthurium,
de fragiliteit van een roos,...

Met *About Flowers* nodig ik u daarom uit
om te herontdekken, anders te kijken en met
een frisse blik nieuwe mogelijkheden te zien.

Lut Verkinderen

Rectangle/Rechthoek

Dahlia 'Red Cap'

Cyperus haspan

MIRROR IMAGE

Insert an acrylic sheet in a metal or wooden frame on a stand (in this case 2.5 m x 0.5 m). Drill a number of small, equidistant holes in the sheet, and insert a wire through each. On both sides of the sheet, attach glass test tubes to the sticks and add a Swarovski gemstone as a finishing touch. Fill the tubes with Dahlia and Cyperus and experiment with some red dye in the water.

SPIEGELBEELD

Monteer een plexiplaat in een metalen of houten frame op voet (hier 2,5 m hoog x 0,5 m breed). Boor in de plexiplaat op gelijke afstanden een aantal kleine gaten en steek er telkens een lasdraad door. Bevestig aan weerszijden van de plaat glazen pipetten aan de stokjes en werk ze af met een Swarowskiparel. Vul de buisjes op met Dahlia en Cyperus en experimenteer ook eens met wat rode kleurstof in het water.

	Rectangle/Rechthoek
	Phalaenopsis
	Rhipsalis cassutha
	Reed/riet

REED ARRANGEMENT   RIETCOMPOSITIE

A solid acrylic sheet is used here as a basis, but a container could just as easily be made out of wood. Holes are drilled in the base, big enough for glass test tubes. Bundles of reed are inserted into each of the holes. Next, create two wicker mats, which serve as a horizontal element and slide over the vertical reed bundles. Fix them securely at the desired height. Insert test tubes in the mats and arrange the floral material in them.

Een stevige plexiglas plaat dient hier als basis, maar ook in hout kan een geschikte houder gemaakt worden. In de basis zijn gaten geboord waarin glazen pipetten heel precies passen. In elk van de gaten wordt een rietbundeltje gestoken. Bind ook twee rieten matjes. Die dienen als horizontaal element en worden over de verticale rietbundels geschoven. Fixeer ze stevig op de gewenste hoogte. Steek pipetten in de matjes en schik er het florale materiaal in.

PURE

 Square/Vierkant

 Stabilized rose petals/
gestabiliseerde rozenblaadjes

FRAMED

Simple, but multifunctional
design that can be refilled
differently time and again.
Arrange stabilized rose petals
on the inside of an acrylic frame
in a design of your choice.

OMKADERD

Eenvoudig, maar multifunctioneel
ontwerp dat steeds opnieuw
anders kan ingevuld worden.
Kleef gestabiliseerde rozenblaadjes aan de binnenkant van
een plexikader in een ontwerp
naar keuze.

 PURE

Cube/Kubus

✳ Cyperus haspan

🌺 Vanda 'Red Magic'

CUBE

Combine acrylic rods in a cube shape and attach small test tubes to the structure. In that way, it seems as if the flowers are floating in the cube.

KUBUS

Bind plexistaafjes tot een kubus en bevestig kleine pipetten in de structuur. Zo lijkt het alsof de bloemen zweven in de kubus.

PURE

PLEXI MOBILE

Cut one long strip (50 cm) and a number of smaller triangles from flexible acrylic. Tie the ends of the strip together to form a circle and attach the triangles to it. Suspend your mobile from the ceiling. Stick adhesive tape around the end of the Hippeastrum stem, pierce the stem just below the tape with fishing wire. Now hang the Hippeastrum upside down in the centre of your mobile and fill its hollow stem with water.

PLEXIMOBILE

Snijd één lange reep (50 cm) en een aantal kleinere driehoekjes uit flexibel plexiglas. Bind de uiteinden van de reep samen tot een cirkel en bevestig er de driehoekjes aan. Bevestig je mobile aan het plafond. Kleef plakband rond het einde van de Hippeastrum-stengel, doorboor de stengel net onder de plakband met visdraad. Hang de Hippeastrum centraal in de mobile en vul de holle stengel met water.

PURE

Blocks of wood/houtblokken (Tillia)

Rosa (stabilized/gestabiliseerd)

CARVED

Take a block of limewood (40 x 40 cm, 13 cm thick) and make some cuts with a chainsaw. Fill the larger spaces with roses and rose petals. Combine several blocks to create a shape of your choice. Attractive on the wall or as a table piece.

GEKERFD

Neem een blok lindenhout (40 x 40 cm, dikte 13 cm) en maak er met een kettingzaag een aantal zaagsnedes in. Vul de grotere ruimtes op met rozen en rozenblaadjes. Combineer meerdere blokken tot een vorm naar keuze. Mooi aan de muur of als tafelstuk.

PURE

Round/Rond

 Flexigrass

 Lilygrass

 Hippeastrum 'Ferrari'

PLAYFUL FLEXIGRASS

Fill a round bowl with floral foam. Insert bundles
of flexigrass, and arch them in a regular pattern
for the best result. Place a large test tube in
the middle, and pop a flower and the lilygrass
in it. Any visible floral foam can be covered
with white sand.

SPEELS FLEXIGRASS

Vul een ronde schaal met steekschuim.
Steek er bundeltjes flexigrass in, doe dit boog-
vormig en werk volgens een vast patroon voor
het mooiste resultaat. In het midden wordt een
grote pipet gestoken waarin de bloem en het
lilygrass geplaatst worden. Eventuele zichtbare
Oasis wordt verborgen onder naturel zand.

PURE

Cone/Kegel

 Rose hips/rozenbottels
'Magic Pearl'

 Rosa 'Vendela'

 Rosa 'Cherry Brandy'

 Rosa 'Amalia'

BLOSSOMING

Fill a hollow tree trunk with floral foam. Arrange the roses in the trunk. Work with different levels to achieve depth. Place a large rosehip branch in the centre. Allow it to sit on top of the flower composition, thus increasing the sense of abundance. Fill any holes in the composition with fine rosehip twigs.

BLOEIEND

Vul een holle boomstam met steekschuim. Schik de rozen in de boomstam. Werk met verschillende niveaus om diepte te bekomen. Plaats een grote rank rozenbottels in het midden. Laat die boven de bloemencompositie uitvloeien, zo vergroot het gevoel van overvloedigheid nog. Vul eventuele gaten in de compositie op met fijne takjes rozebottel.

ABUNDANCE

 Square/Vierkant

 Malus

 Pistacia lentiscus

 Rosa 'Cherry Brandy', 'Amalia', 'Vendela'

 Mulberry/moerbei (natural bark)

 Ornithogalum thyrsoides

 Nerine bowdenii

 Lilac de Chine

 Rose hips/rozenbottels 'Magic Pearl'

 Nigella (seed pod/zaaddoos)

COLOUR BOOST

The basic elements of this design are square bricks of floral foam (table decoration mini-floral foam). Cut a square piece (20 x 20 cm) of mulberry bark or felt. Attach it to the bottom of the floral foam and staple the rest of the bark or felt to form a bag. Fill it with all kinds of material. In this case, we chose specific autumn colours, but every season has its own classics.
Mix and match.

KLEURENPALET

Als basiselementen gebruiken we vierkante stukjes steekschuim (tafel deco mini Oasis).
Snijd een vierkant (20 x 20 cm) uit moerbeischors of vilt. Fixeer de schors of vilt onderaan de Oasis en niet de rest van de schors dicht tot een zakje. Vul op met allerhande materiaal. Hier werd gekozen voor specifieke herfsttinten, maar elk seizoen heeft wel zijn klassiekers.
Mix and match.

Round/Rond

 Rosa 'Cherry Brandy'

 Rosa 'Aqua'

 Dianthus 'Lila Farida'

 Ornithogalum thyrsoides

 Pistacia lentiscus

 Lilac de Chine

 Vanda 'Red Magic'

 Malus

 Rose hips/rozenbottels 'Magic Pearl'

 Cobra leaf/cobrablad

AUTUMNAL PIE

The basis for this design is a cake mould filled with floral foam. Cover the side of the cake mould with brown crepe paper. Make rolls of cobra leaf and tie them together with orange wire. Place the rolls around the edge, using clamps. Place a sheet of plastic in the cake mould and fill it with floral foam. Fill with flowers in warm colours.

HERFSTTAART

Als basis wordt een taartvorm in steekschuim gebruikt. Breng donkerbruin crèpepapier aan rond de rand van de taart. Maak rolletjes van cobrablad en bind ze samen met oranje ijzerdraad. Monteer de rolletjes met krammen rondom de taart. Leg een vel plastic in de taartvorm en vul de bodem met groene Oasis. Vul in met bloemen in warme tinten.

 ABUNDANCE

Round/Rond

 Dianthus 'Dustin', 'Sekirei', 'Roma', 'Bodega'

 Rosa 'Vendela'

 Rosa 'Snowflake'

 Rosa 'Aqua'

 Rosa 'Amalia'

 Rosa 'Magic Pepita

 Rosa 'Leonidas'

 Rosa 'Fiesta Bubbles'

 Malus

Rose hips/rozenbottels
'Magic Pearl'

COLOURFUL STREAM

Three different shades of leather baskets are used (dark brown, camel and beige) and filled, depending on the colour of the basket, with carnations, roses and small ornamental apples. Use the biedermeier method to fill the different baskets.

KLEURRIJKE STROOM

Drie verschillende tinten lederen mandjes worden gebruikt (donkerbruin, camel en beige) en op toon opgevuld met anjers, rozen en kleine sierappeltjes. Steekwijze zoals bij een biedermeier.

ABUNDANCE

Lilium longiflorum

Steelgrass

Jute fibres/jutevezels

SUSPENDED SPHERE

HANGENDE BOL

The metal stand is my own design, but can, with some basic skill, be easily copied. The basis for the sphere are three metal rings that slot into one another. Weave olive-green jute fibres in and out of the rings, leaving one side open. Fill the opening with lilies and steelgrass.

De metalen staander is een eigen ontwerp, maar is met enige handigheid zeker ook zelf te maken. De basis voor de bol zijn drie metalen ringen in elkaar gestoken. Weef olijfgroene jutevezels tussen en rond de ringen maar laat één deel open. Vul in met lelies en steelgrass.

OUTDOOR

Round/Rond

 Typha

Anthurium 'Amigo'

FLOATING CIRCLE

Start with half a polystyrene sphere, 50 cm in diameter. As we only use the upper ring of the sphere, remove the bottom 15 cm layer with a knife. Spray the ring green and pin Typha leaves around it until it is completely covered. Work carefully and make sure that the pins are each time placed at the same height. Finish off by making a hole in the side of the ring and inserting the Anthurium in it. Attractive as a floating piece or as a table centrepiece.

DRIJVENDE CIRKEL

Start met een halve bol styropor (piepschuim) met een diameter van 50 cm. We gebruiken enkel de bovenste ring van de bol. Snijd daarom met een mes een rand van 15 cm af. Spuit die ring groen en speld er Typhabladeren rond totdat de ring volledig bedekt is. Werk nauwkeurig en plaats de spelden steeds op dezelfde hoogte. Als afwerking maak je een gat in de ring en steek je er de Anthurium door. Leuk als drijvend element of als tafelstuk.

OUTDOOR

Round/Rond

 Typha

 Dendrobium white

 Beargrass

WOVEN GRASS

A semi-circular base, in this case made up of six half metal rings, is placed on top of the vase. Make bundles of beargrass and cover the half sphere by weaving the grass around it. Plug all the visible openings with Typha leaves. Insert test tubes in this structure and make an edge of Dendrobium as contrasting element.

GEWEVEN GRAS

Bovenop een sierpot komt een halfbolvormige basis, hier gemaakt van zes halve metalen ringen. Maak bundeltjes beregras en weef er de halve bol mee dicht. Stop alle zichtbare openingen met Typhabladeren. Steek pipetten in deze structuur en maak een rand van Dendrobium als contrasterend element.

OUTDOOR

WILLOW TRIPLETS

We use a metal frame, 40 cm by 40 cm, made up of U-profiles. Fill the U-profile at the back with black plasticine. Arrange the willow catkins diagonally in the frame and secure the ends each time in the plasticine. Try to create a sense of depth by layering your work, achieving a slightly spherical effect.

TRIO VAN WILGENKATJES

Als basis gebruiken we een metalen kader van 40 op 40 cm gemaakt met U-profielen. Steek het kader vol met zwarte plasticine. Schik de wilgenkatjes schuin in het kader en steek ze telkens vast in de plasticine. Probeer wat diepte te geven door lichtjes bol te werken.

OUTDOOR

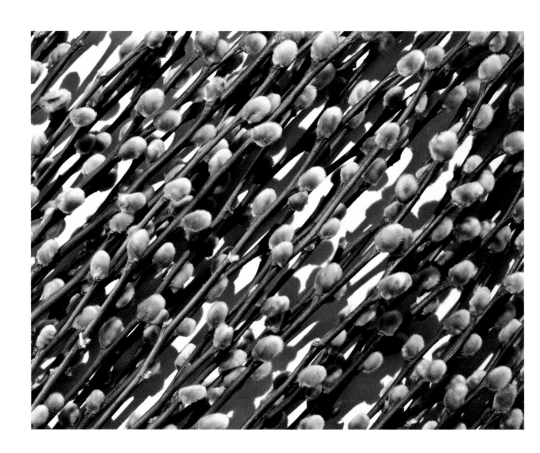

Rectangle/Rechthoek

 Bonsai (twigs/takken)

 Ranunculus 'Elegance White'

 Muscari blue

Prunus (bark/schors)

Quail eggs/kwarteleitjes

Sisal

OUTDOOR

BONSAI COMPOSITION

Start with a metal support. Cover the base with cherry bark and the vertical elements with white sisal. Tie the bonsai twigs to the frame to achieve a whimsical, yet balanced result. Place a dozen glass test tubes among the twigs and fill them with Muscari and Ranunculus. Scatter a few quail eggs across the work. Finish off by sprinkling some fine, white sisal on your creation.

BONSAÏCOMPOSITIE

Start met een metalen staander. Beplak de voet met schors
van kerselaar en het verticale deel met witte sisal.
Bind de bonsaïtakken aan het frame tot een grillige maar
evenwichtige vorm. Plaats een tiental glazen pipetten
tussen de takken en vul ze op met Muscari en Ranunculus.
Verdeel ook een aantal kwarteleitjes over het geheel.
Als finishing touch strooi je wat ragfijne witte sisal
over het geheel.

OUTDOOR

Round/Rond

 Eustoma pink (dubbel/double)

 Dianthus 'Golem' lila

 Cosmos 'Black Beauty'

 Cordyline (red leaf top)

 Bakla Palm Natural (bark/schors)

COPIOUS COCONUT

Stick coconut leaf on half of a styrofoam sphere, both inside and out. Work in layers until you achieve an attractive shape. In this coconut basket, place a chunk of floral foam (wrapped in plastic) in which you can place the arrangement of your choice.

GEVULDE KOKOSKORF

Kleef kokosblad op een halve styropor bol. Doe dit zowel aan de binnen- als buitenzijde. Breng verschillende laagjes aan tot je een mooie vorm bekomt. In dit kokoskorfje leg je een blok oasis (in plastic) waarin je een schikking naar keuze kan maken.

OUTDOOR

FLOWER ISLAND

Cork circles, made out of strips (shop-bought or easily made out of sheets of cork) are the perfect floating islands for the elegant white lilies.

BLOEMENEILAND

Cirkels van reepjes kurk (zo te koop of ook eenvoudig zelf te maken uit een vel kurk) zijn de perfecte drijvende eilandjes voor de elegante witte lelies.

OUTDOOR

Rectangle/Rechthoek

 Ranunculus 'Elegance White'

 Veronica longifolia

 Panicum elegans 'Fountain'

 Anthurium 'Midori'

White sticks/witte stokjes

Veneer/fineer

PARALLEL

Cut a sheet of veneer into
a number of equal-sized strips
and saw the white sticks into
pieces of the same length.
Stick a few sticks onto a strip of
veneer and place another strip
on top. Attach the sticks to this
strip, but vary their position.
Continue this technique until
all the veneer has been used
up. Once dry, put the structure
on its feet. Add test tubes to
the composition and arrange
the flowers accordingly.

PARALLEL

Snijd een blad fineer in een
aantal gelijke repen en zaag
witte stokken in gelijke lengte.
Plak een aantal stokjes op
een strook fineer en leg er
een nieuwe reep bovenop.
Plak op die reep ook stokjes,
maar varieer hun positie.
Ga zo verder tot alle fineer
verwerkt is. Zet de structuur
na het drogen recht op
de pootjes. Breng pipetten aan
in de compositie en verdeel
de bloemen over het geheel.

OUTDOOR

Oval/Ovaal

 Magnolia (branches/takken)

 Ranunculus cloni
(shades of pink/roze tinten)

 Clematis 'Blue Pirouette'

 Fritillaria meleagris

 Tulipa 'Double Princess'

Coloured quail eggs/
gekleurde kwarteleitjes

FRIVOLOUS EASTER EGG

We use half a styropor egg
as the basis for this creation.
Give the egg, by using melted wax
and cocoa powder, the appearance
of a chocolate egg. Create a sturdy
structure using magnolia branches
and place it on top of the Easter
egg. Pour water into the egg and
arrange spring flowers in it to
achieve a fresh, colourful creation.

FRIVOOL PAASEI

Als basis gebruiken we een half
styropor ei. Geef het ei met
behulp van gesmolten kaarsvet en
cacaopoeder het uitzicht van een
chocolade-ei. Bind magnoliatakken
tot een stevig raster en fixeer het
op het paasei. Giet water in het ei
en schik de voorjaarsbloemen tot
een frisse, kleurrijke creatie.

FRESH

Oval/Ovaal

 Muscari blue

 Fritillaria meleagris

 Ranunculus cloni pink

 Clematis 'Blue Pirouette'

 Narcissus 'Paperwhite'

 Tree bark/boomschors

Goose and chicken eggs/
ganzen- en kippeneieren

SURPRISE EGG

Open up the hole of the blown-out eggs big enough to snugly fit a test tube in it. Glue the eggs onto the bark. Cover any visible glue with white and brown feathers. Fill the test tubes with water and arrange spring flowers in them.

SURPRISE EI

Maak bovenaan in de uitgeblazen eieren een opening waarin net een pipet past. Plak de eieren op de schors. Camoufleer eventuele zichtbare lijm met witte en bruine veertjes.
Vul de pipetten met water en schik er de lentebloemen in.

FRESH

Oval/Ovaal

Tulipa 'Double Princess'

CHOCOLATE VASE

Glue two half styropor eggs together. Use a large size for maximum effect. Cut a jagged edge into the top of the egg. Then, pour a mixture of cocoa powder and wax over the egg. For stability, place some weight in the bottom. This can be done by placing a smaller vase in it, filling it with water and arranging the tulips in it.

CHOCOLADE VAAS

Lijm twee halve styropor eieren aan elkaar. Ga voor een groot formaat voor maximale impact. Snijd bovenaan een gekartelde rand aan het ei. Daarna overgiet je het geheel met een mengsel van cacaopoeder en kaarsvet. Voor de stabiliteit van het geheel plaats je best wat gewicht binnenin de vaas. Plaats er daarom een kleinere vaas in. Vul die met water en schik er de tulpen in.

FRESH

Ranunculus
(shades of pink/roze tinten)

Feathers/veren

 COCOONING

COCOONING

Spray the metal base with bronze paint and half of the styropor sphere with spray adhesive. Roll the sphere in feathers. Spray with adhesive to make sure everything is securely in place. Apply one last layer of feathers one by one to create more volume. Attach the hemisphere onto the base at an angle. Use a brick of floral foam in the nest and arrange the Ranunculus in it.

Bespuit de metalen voet met bronsverf en de halve styropor bol met lijmspray. Rol de bol in veren. Spuit om alles goed te fixeren nog eens lijm over het geheel. Een laatste laag veertjes breng je één voor één aan, zo krijgt het geheel wat meer volume. Prik de halve bol schuin op de voet. Gebruik een blokje steekschuim in het nest en verwerk er de ranonkels in.

 FRESH

Cone/Kegel

 Ranunculus cloni 'Hot Pink'

 Mulberry/moerbei (white bark)

Chicken eggs/kippeneieren

Strips of veneer/fineerreepjes

FANNING OUT

The base consists of a circular metal foot onto which five metal rods of different sizes have been welded. Bend these rods out. Using wide, transparent tape, connect the rods, both inside and out. Apply, if necessary, different layers of tape to attain a solid foundation for the design. Glue strips of veneer over the shape, making sure the tape is no longer visible. Cover the foot with white mulberry bark. Place floral foam in plastic in the container and arrange Ranunculus and eggs inside.

UITWAAIEREND

De basis bestaat uit een ronde metalen voet waarop vijf pinnen van verschillende lengte zijn gelast. Plooi de pinnen naar buiten. Met brede transparante plakband verbind je de pinnen met elkaar. Doe dit zowel aan de buitenkant als aan de binnenkant. Gebruik als dat nodig is verschillende lagen plakband op elkaar om zo een stevige basisvorm voor het ontwerp te bekomen. Kleef reepjes fineer over de vorm totdat niks van de plakband meer zichtbaar is. Bedek het voetje met witte moerbeischors. Leg steekschuim in plasticfolie in het recipiënt en verwerk er de ranonkels en de eieren in.

FRESH

Oval/Ovaal

 Ranunculus
(white and pink/wit en roze)

Buxus

FESTIVE EGG

Pour a mixture of wax and cocoa powder over two styropor half spheres. Place a brick of floral foam in one of the hemispheres and arrange box and Ranunculus around the entire edge. Place the other half of the egg on it and secure it with a festive ribbon.

FEESTELIJK EI

Overgiet twee halve styropor eivormen met een mengsel van kaarsvet en cacaopoeder. Breng een blok Oasis in één van de twee vormen en maak er een volledige rand van buxus en ranonkels op. Plaats er de andere helft van het ei op en fixeer mooi met een feestelijk lint.

FRESH

	Rectangle/Rechthoek
	Dendrobium 'Berry Oda'
	Muscari blue
	Freesia 'Ambassador'
	Brown feathers/ bruine veertjes
	Brown sticks/bruine stokjes

CONNECTED

The base is made up of a block of beech wood in which holes have been drilled. The working method is identical to the one on page 8.

VERBONDEN

Als basis wordt een blok beukenhout waarin gaten zijn geboord gebruikt. De werkwijze is identiek als die op pagina 8.

○ Oval/Ovaal

╱ Salix (twigs/wissen)

Ostrich egg/struisvogelei

EMBRACE

As a base, we use a half-moon shaped construction. This can be purchased or created without too much trouble. Tie the willow rods in twos or threes around a frame until you achieve an attractive and balanced shape. Place the egg in the middle of the structure.

OMARMD

Als basis gebruiken we een halfmaanvormige constructie. Die kan je aankopen of zonder al te veel moeite ook zelf maken. Bind de wilgentenen per twee of drie rond het frame tot je een aantrekkelijke en evenwichtige vorm bekomt. Plaats het ei centraal in de structuur.

NATURAL

Irregular/Grillig

 Eucalyptus (bark/bast)

 Eucharis grandiflora

 Steelgrass

Rustic wire (Oasis)

FANCIFUL AND FUN

On a wooden stand (in this case Afrormosia) you screw a plastic tube which you cover in soft pipe insulation. Eucalyptus bark can be easily pinned onto this surface. Create a whimsical shape with rustic wire and tie everything tightly around the base. Insert a long test tube in the tube and attach a number of round test tubes to the wire structure. Fill with flowers and grasses.

GRILLIGE STAANDER

Op een houten voetje (hier Afrormosia) schroef je een plastic buis waarrond je zachte buisisolatie aanbrengt. Op deze ondergrond kan je gemakkelijk Eucalyptusschors spelden. Maak een grillige vorm met rustic wire en bind alles stevig rond de basis. Steek een lange pipet in de buis en bevestig een aantal ronde pipetten aan de draadstructuur. Vul op met de bloemen en grassen.

 NATURAL

TABACCO SPIRAL

Cut a circle from an insulation
sheet and cut out another
smaller circle in the middle.
Allow the tobacco leaves to
become slightly damp by,
for example, exposing them to
morning dew. Fold each leaf in
half, making sure the veins run
on top. Pin the leaves around
the circular shape, ensuring that
the visible edges are very neat.

TABAKSPIRAAL

Snijd een cirkelvorm uit
een isolatieplaat en haal er
nog eens een ronde uitsparing
uit. Laat de tabakbladeren
lichtjes week worden door
ze bijvoorbeeld even in
de ochtenddauw te leggen.
Vouw elk blad dubbel.
Zorg ervoor dat de nerf aan
de bovenkant zit. Speld de
bladeren rondom de cirkelvorm
en werk vooral de zichtbare
zijkanten heel netjes af.

NATURAL

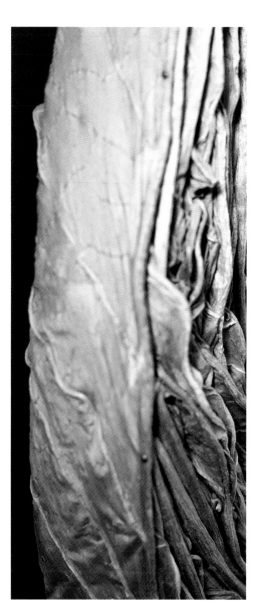
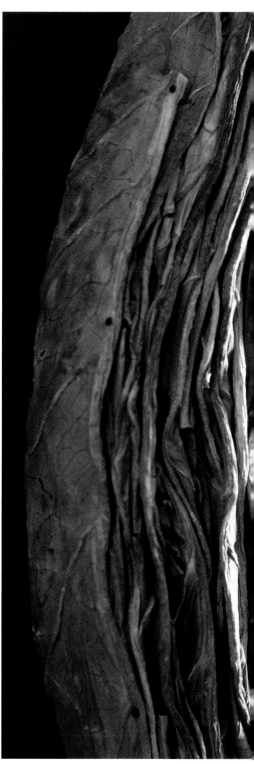

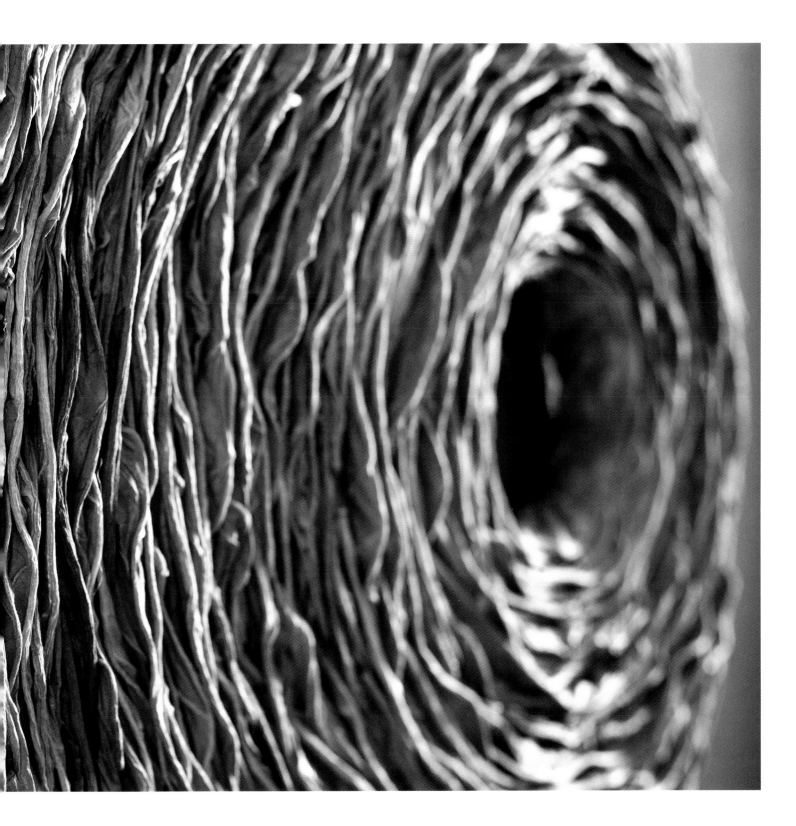

Rectangle/Rechthoek

 Sempervivum

 Acer

MARVELLOUS MURAL

Using a chainsaw, make cuts
in the wooden panel until you
achieve an attractive result.
Leave the panel outside for
a while to give it a weathered
look. Then, insert Sempervivum
plants in the wooden recesses.

MUURSCHILDERING

Maak met een kettingzaag
zaagsnedes in het houten
paneel tot je een mooie vorm
bekomt. Leg het paneel een tijdje
buiten om het een verweerde
patine te geven. Breng nadien
Sempervivum plantjes aan in
de houten inkepingen.

NATURAL

Rose hips/rozenbottel
'Magic Pearl'

 Beargrass

 Cambria

Skeleton leaf/
geskeletteerd blad

Rattan/rotan (3 mm)

TRANSPARENT SYMPHONY

Create a rectangle with poker thread
and cover this up with fine jute rope.
Attach the rattan in circles in the wire
frame. Apply the rattan construction
to an acrylic frame. Attach test tubes
to the rattan construction and arrange
the floral material and a few bundles
of beargrass to create an attractive
table centrepiece. Add a few skeleton
leaves to finish off the composition.

TRANSPARANT SYMFONIE

Maak een rechthoek met pookdraad
en camoufleer die met fijn jutetouw.
Fixeer de rotan in cirkels aan het
metalen frame. Breng de rotanconstructie in een plexikader. Bevestig
pipetten aan de rotanconstructie
en schik het bloemmateriaal en
enkele bundeltjes beregras in de tafel-
compositie. Kleef hier en daar een
decoratief geskeletteerd blaadje.

AT THE TABLE

FLOWER CUPS

After a rummage, you will undoubtedly find a frame with an assortment of holders that can serve as a basis for this table centrepiece. Alternatively, you can combine different containers. Fill them with floral foam and lilygrass. By creating small loops with the lilygrass, you will eventually end up with an attractive spherical shape. Insert a small test tube in the grass and finish off with a Vanda.

BLOEMENCUPS

Met wat zoeken vind je zeker een frame met verschillende houders dat als basis kan dienen voor deze tafeldecoratie. Alternatief kan je natuurlijk ook verschillende losse elementen combineren. Vul de houdertjes met steekschuim en steek er lilygrass in. Door het lilygrass in kleine boogjes te verwerken, bekom je uiteindelijk een mooi bolletje. Steek een klein pipetje in het grasbolletje en bekroon met een Vanda.

AT THE TABLE

FLOATING CENTERPIECE

Glue the birch discs to each other in different layers and rows. To give the structure extra strength and support, use two brass rods. Suspend the creation from the ceiling with fish wire. Insert small test tubes in amongst the discs and fill them with flowers.

ZWEVENDE TAFELDECO

Kleef de berkenschijfjes in verschillende lagen en rijen aan elkaar. Om de constructie extra stevigheid te geven, wordt alles extra ondersteund met twee koperen staafjes. Hang het geheel bijna onzichtbaar op met visdraad. Breng fijne pipetjes tussen de schijfjes en vul op met bloemen.

AT THE TABLE

Round/Rond

 Dahlia 'Red Cap'

Lilac de Chine

Moss covered branches/
bemoste takken

Jute fibres/jutevezels

GARDEN STRUCTURE

Start with a metal circle on
a base. Wrap jute fibre around
the metal and attach moss-
covered branches to the frame.
Attach the test tubes to
the twigs and fill them
with flowers and berries.

TUINSTRUCTUUR

Start met een metalen circel
op een voet. Omwikkel het
metaal met jutevezel en bevestig
bemoste takjes aan het frame.
Hang de pipetten aan de takjes en
vul ze op met bloemen en bessen.

RED GARDEN

THREADED WREATH

GEREGEN KRANS

Thread the bay leaves on a metal wire, making sure the stalks are all on the same side. Arrange the wreaths on dishes and add a red touch.

Rijg de laurierbladeren telkens op dezelfde manier op een ijzerdraad. Zorg ervoor dat de steeltjes steeds aan dezelfde kant zitten. Schik de kransen op schalen en werk telkens af met een rode toets.

RED GARDEN

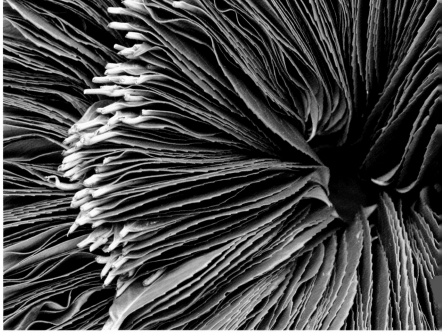

Curved/Gebogen

Kalanchoë 'Molly Red'

Wood chips/houtschilfers

SCULPTURAL

An impressive focal point for the garden and not so difficult to make. Smaller variations may also effective indoors. Different metal arch-shaped rods are welded together and mounted on a base. Connect the different metal arches with wide plastic tape to achieve a solid shape. Mix wood chips with wood glue and apply to the entire shape. Allow a first layer to dry and repeat until all the holes are covered. Plant Kalanchoe in the boat shape.

BEELDIG

Een indrukwekkende blikvanger voor de tuin, en helemaal niet zo moeilijk om te maken. Ook kleine varianten voor binnenshuis zijn mogelijk. Verschillende metalen bogen worden aan elkaar gelast en op een voet gemonteerd. Verbind de verschillende metalen bogen met elkaar met brede plastic plakband. Zo bekom je één stevige vorm. Meng hakselhout of houtschilfers met houtlijm en smeer de hele vorm vol. Laat een eerste laag drogen en herhaal tot er geen gaten meer zijn. Plant de Kalanchoë in de boot.

RED GARDEN

Rectangle/Rechthoek

Anthurium andreanum
'Red Love'

Driftwood (stone wash)

LINED FRAMEWORK

Make one, or more, long, narrow
metal frame(s) using U-profiles.
Cut the driftwood sticks to
the right length and stand them
next to each other in the frame
in a neat line. Wind jute rope
around thin test tubes and place
them in amongst the driftwood.
Finish off with Anthurium.

LIJNWERK

Maak één of meerdere lange,
smalle metalen frames met
U-profielen. Zaag de driftwood-
stokjes op de gepaste lengte en
breng ze parallel in het kader.
Omwind fijne pipetten met
jutetouw en bevestig ze tussen
de stokjes. Werk telkens af
met een Anthurium.

RED GARDEN

Irregular/Grillig

 Quercus ilex

 Rosa 'Piano'

WINDING

Use a table decoration floral foam string and insert holm oak leaves in it across the entire length. Arrange the spray roses between the leaves and display the string in a tree stump or a piece of root wood.

KRONKELEND

Gebruik een tafeldeco-string van Oasis en maak een volledige basis van steeneikbladeren. Schik de trosrozen tussen de bladeren en leg de slinger in een boomstronk of tussen een stuk wortelhout.

RED GARDEN

Round/Rond

 Cattleya

 Steelgrass

Lilygrass

HEALED

Using a large round cheese container, cut a shape of your choice in the lid.
Cover the entire surface with plaster chips (homemade) and mount the structure on a metal base. Finish off with a Cattleya and grass.

HERSTELD

Neem een grote ronde kaasdoos en snijd in het deksel een vorm naar keuze uit. Beplak het geheel met gipsschilfers (zelfgemaakt) en monteer de constructie op een ijzeren voetje. Werk af met een Cattleya en het gras.

VIOLET PARTY

Rectangle/Rechthoek

Mokara blue

Dendrobium 'Galaxy'

Dendrobium 'Nasabi'

Cyperus haspan

VIOLET IMPRESSION

Make long rectangular shapes from plaster. Drill some holes in the top for test tubes, and arrange orchids and Cyperus in them.

VIOLET TAFEL DECO

Als basis neem je rechthoekige plastic vormen. Bepleister die met gips. Maak bovenaan een aantal openingen voor pipetten en schik er de orchideeën en Cyperus in.

VIOLET PARTY

Round/Rond

 Flexigrass

Cambria

SMALL LOOPS   GEBOGEN FLEXIGRASS

VIOLET PARTY

Round/Rond

 Rhipsalis

 Ceropegia

 Eustoma 'Asenka'

 Freesia 'Purple Rain'

 Gerbera 'Audrey'

 Ranunculus cloni pink

Vibernum opulus 'Roseum'

Waxflower violet

Rattan/rotan

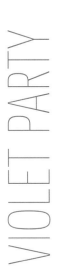
TINTED PASSION

Make a circular rattan frame
(3 mm thickness) and paint it
with lime paint. Makes leaves
from plaster and glue them
to the rattan base.
Arrange the flowers tied in
corn sheafs in the frame and
allow the longer stems to trail
over the edge.

KLEURRIJKE PASSIE

Maak een cirkelvormig frame met
rotan (3 mm dikte) en beschilder
het met kalkverf. Maak blaadjes
uit gipsdoek en plak ze op de
rotan basis. Schik de korenschoof
gebonden bloemen in het frame
en laat wat langere ranken speels
over de rand hangen.

Cube/Kubus

 Allium 'Purple Sensation'

 Cyperus haspan

 Panicum

Cambria

Purple sticks/paarse stokjes

VIOLET PARTY

PURPLE RHYTHM

Make a cube with plaster flakes.
Arrange the floral material parallel in the cube.

RITMISCH PAARS

Maak een kubus met gipsschilfers.
Schik het florale materiaal parallel in de kubus.

Square/Vierkant

🧚 Nerine bowdenii pink

🌷 Freesia 'Purple Rain'

🌿 Limonium sinuatum blue

White sticks/witte stokjes

SLICK AND MODERN

Tie the sticks together (T-shape).
Paint the sticks white with lime paint.
Cover the bottom of the container with
purple Limonium. Arrange the flowers
at different levels, with the Nerine
on top, and Freesia one level down.
Reinforce the composition with
the T-shaped sticks.

STRAK EN MODERN

Bind stokjes aan elkaar (T-binding).
Verf de stokjes wit met kalkverf.
Bedek de bodem van het recipiënt
volledig met paarse Limonium.
Plaats de bloemen op verschillende
niveaus, de Nerine komt het hoogst,
Freesia een trapje lager.
Maak de compositie strakker met
de T-bindingen.

CONTRAST

Curved/Gebogen

 Vanda 'Tayanee White'

 Populus alba
(takken/branches)

Pinus (needles/naalden)

Felt ribbons/viltlinten

Led lights/led lichtjes

Glitter stars/glittersterretjes

TWINKLING CASCADE   KERSTWATERVAL

CONTRAST

CONTRAST

Irregular/Grillig

 Grevillea (leaf/blad)

 Lilium 'Tresor'

 Mulberry/moerbei (bark/schors)

 Panicum elegans 'Fountain'

FIERY GREVILLEA

The base of this creation is a metal disk, in the centre of which five rods have been welded. Cover the disk with mulberry bark and wrap the rods in Grevillea leaf. Also wrap the different poking threads with the leaf until you achieve an attractive result. Insert a brick of floral foam (wrapped in plastic) in this structure that fans out. Arrange the lilies and the greenery in the composition.

VURIGE GREVILLEA

De basis van deze creatie is een ijzeren schijf waarop centraal vijf pinnen gelast zijn. Bedek de schijf met moerbei-schors en omwikkel de pinnen met het Grevilleablad. Omwikkel ook verschillende pookdraden met het blad en plaats die rondom rond tot je een mooie vorm bekomt. Binnen deze uitwaaierende structuur stop je een blok steekschuim (met plastic omwikkeld). Schik de lelies en het groen in de compositie.

CONTRAST

Curved/Gebogen

 Rose petals/rozenblaadjes
(stabilised/gestabiliseerd)

 Mulberry/moerbei (bark/schors)

 Platanus (fruit (dyed red)/
vruchtjes (rood geverfd))

 Rose bud/rozenbottel
'Magic Pearl'

Cocar de para naturel

CONTRAST

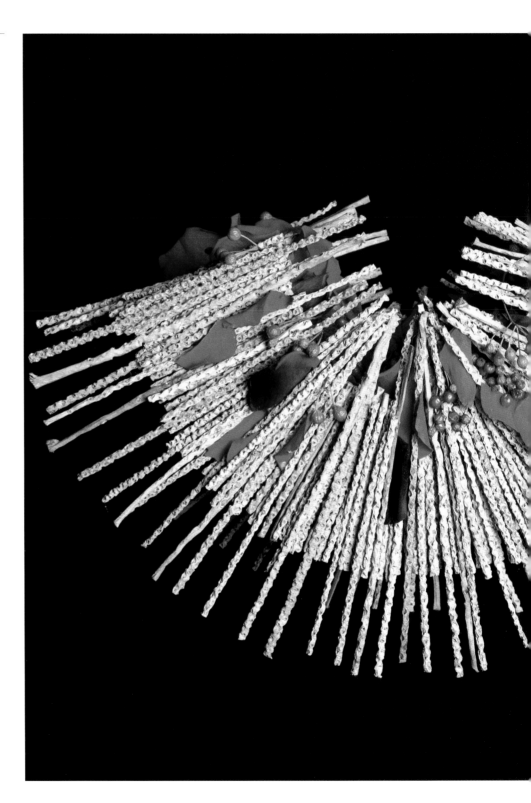

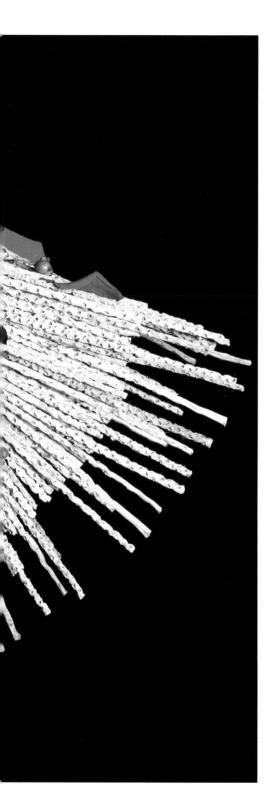

ORIENTAL TOUCH

Cut a fan shape in floral foam and cover it
with mulberry bark. Leave the top open.
Cut the cocar sticks to the same length
hand glue them along the edges of the arch.
Next, cut a number of sticks that are slightly
longer and glue these along the edges, too.
Fill the top with the red materials.

OOSTERS TINTJE

Snijd een boogvorm uit steekschuim
en bekleed die met moerbeischors.
Laat de bovenkant open. Knip cocarstokjes
op gelijke lengte en kleef die langs de randen
van de boog. Knip daarna een aantal stokjes
die iets langer zijn en plak die ook langs
de randen. Vul de bovenkant op met
de rode materialen.

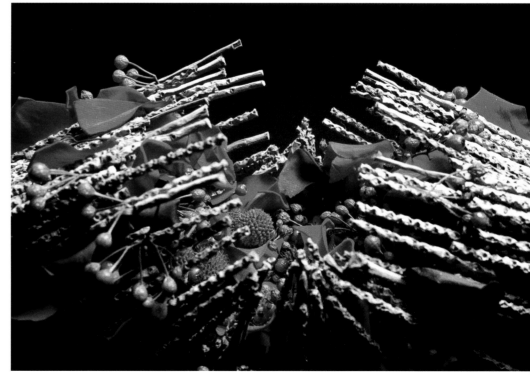

	Round/Rond
	Rhipsalis
	Lilac de Chine
	Rosa 'Piano'
	Betula (bark/schors)

BIRCH PLATTER

Cut the birch bark into long strips and fold them in two. Glue and staple the strips together to obtain an attractive circular shape. Place the test tubes between the strips and fill them with roses and the rest of the greenery.

BERKENSCHAAL

Snijd de berkenschors in lange repen en vouw ze dubbel. Plak en niet de repen aan elkaar tot een mooie cirkel. Plaats pipetten tussen de repen en vul ze met de rozen en het groen.

CONTRAST

Square/Vierkant

 Magnolia grandiflora (leaf/blad)

PRECIOUS MAGNOLIA

Spray a wooden frame gold.
Fold the magnolia leaves in
two and attach them with
clamps to the frame in a circular
shape. Add a festive touch
with Christmas baubles.

MAGNOLIAKADER

Spuit een houten kader goud.
Vouw de magnoliabladeren
dubbel en bevestig ze
me krammen in cirkelvorm
in het kader. Geef hier en
daar een feestelijk accent
met een kerstballetje.

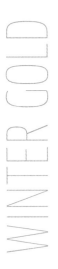
WINTER GOLD

Irregular/Grillig

 Araucaria arauca

Christmas ornaments/
kersdecoratie

GOLDEN X-MAS TREE

Bend the branches into
arches and spray them gold.
Arrange the branches in
the tree trunk to obtain
an attractive shape. Finish off
with Christmas baubles
in different shades of gold.

GOUDEN KERSTBOOM

Bind de takken tot bogen
en spuit ze in het goud.
Schik de takken in
de boomstam tot een mooie
vorm. Werk af met kerstballen
in verschillende goudtinten.

WINTER GOLD

Irregular/Grillig

Salix sp. (twigs with buds/
takken met knoppen)

Christmas ornaments/
kerstdecoratie

MINIATURE

Spray a wooden tray gold and
glue gold stars on the sides.
Fill with floral foam and arrange
the branches so that you obtain
two tree shapes. Hang very
small, delicate Christmas baubles
from the branches. Any floral
foam that is still visible can be
covered with ground coffee.

MINIATUUR

Spuit een houten bakje in goud
en kleef er gouden sterretjes op.
Vul met steekschuim en schik
de takken zo dat je twee
boompjes bekomt. Hang er heel
fijne, kleine kerstballetjes aan.
Het zichtbare steekschuim dek je
af met gemalen koffie.

WINTER GOLD

Round/Rond

 Pinus (needles/naalden)

 Rosa (stabilized/gestabiliseerd)

 Ilex (berries/bessen)

Christmas lights/kerstlichtjes

TWINKLE LIGHTS

A block of (beech) wood
with two metal rods forms
the basis of this creation.
Cut a disc from an insulation
sheet and make a hole in it.
Arrange the Christmas lights on
the disc and cover the entire
surface with pine needles.
Try to do this in a circular
shape to create a more dynamic
effect. Fill the hole in the disk
completely with red accents,
such as Ilex berries and
a (stabilized) rose.

PRETLICHTJES

Een blok (beuken)hout met twee
metalen staven vormt de voet
voor deze creatie. Snijd een
schijf uit een isolatieplaat
en maak er een opening in.
Breng eerst de slinger met
kerstlichtjes aan en bedek
daarna het volledige oppervlak
met Pinusnaalden. Probeer dat
in een cirkelvorm te doen voor
meer dynamiek. Vul de opening
in de schijf volledig op met rode
accenten zoals Ilexbessen en
een (gestabiliseerde) roos.

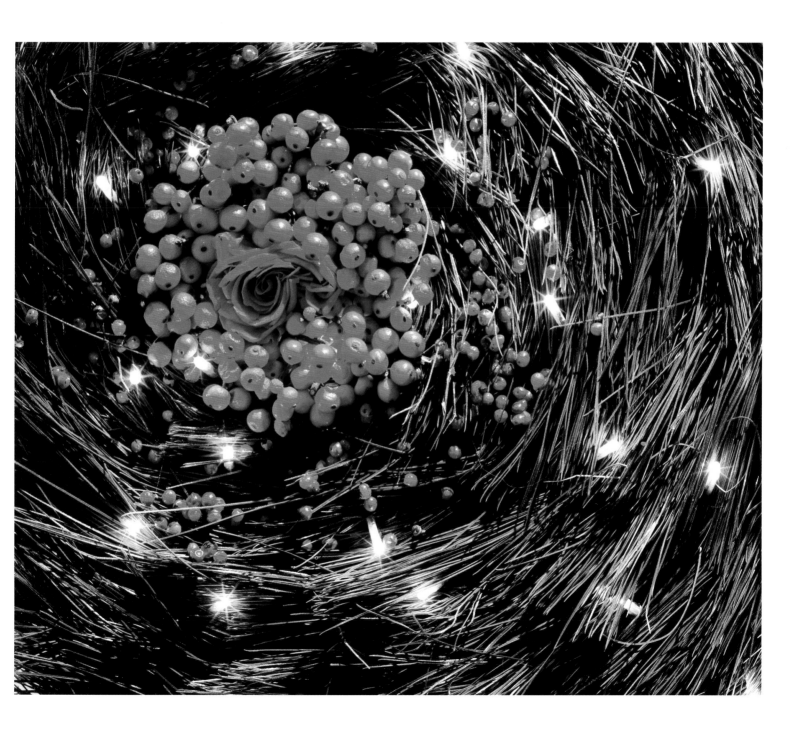

Round/Rond

 Pinus (needles/naalden)

 Ilex (berries/bessen)

Red peppercorns/
rode peperbolletjes

Moss/mos

SEASONAL BOWL

Half a sphere of floral foam
in a bowl is the basis for
this composition.
Cover the entire surface with
moss and scatter loose pine
needles on top. Fix everything
with spray adhesive. Add loose
Ilex berries on top, along with
red peppercorns and some glitter.

KERSTSCHAAL

Een halve bol piepschuim in
een schaal is hier de basis.
Bedek het volledige oppervlak
met mos en strooi er losse
dennennaalden over. Fixeer alles
met spuitlijm. Bovenaan komen
losse Ilexbessen en afwerken
gebeurt met rode peperbolletjes
en wat glitter.

X-MAS ACCENT

Triangle/Driehoek

 Pinus (needles/naalden)

Ilex (berries/bessen)

Wooden stars/houten sterren

Square/Vierkant

Bonsai (twigs/takken)

Ranunculus red

Ilex (berries/bessen)

Pinus (needles/naalden)

Paraffin wax/paraffine

A NEW TRADITION

Make a square base of bonsai twigs and pour white wax over them. Position the mat on top of the acrylic dish and finish off with green and red flowers and/or some Christmas decorations.

NIEUWE TRADITIE

Maak een vierkante basis van bonsaïtakken en giet er witte paraffine over.
Leg het matje op de plexischaal en kleed het verder aan met groene en rode bloemen en/of wat kerstdecoratie.

CAROLINE MONTHAYE

As a photographer Caroline Monthaye feels best at ease in art photograhy. She received her training at the Royal Academy of Arts in Antwerp. Since 2009 she runs her own business Caromontha Projects, a home for both her photography and graphic art creations. As an avid gardener and passionate about plants and botanics, she enjoys capturing floral designs and the magic touch Lut Verkinderen brings to them.

Caroline Monthaye voelt zich als fotografe het best thuis in de kunstfotografie. Ze genoot haar opleiding aan de Koninklijke Academie voor Schone Kunsten Antwerpen. Sinds 2009 heeft Caroline een eigen zaak Caromontha Projects, waarin fotografie voorop staat, maar ook grafisch ontwerp aan bod komt. Met een passie voor planten en tuinieren geniet ze heel erg van botanische fotografie, het is dan ook met plezier dat Caroline de bloemstukken die Lut keer op keer met magie creëert in beeld brengt.

LUT VERKINDEREN

Florist Lut Verkinderen grew up on a farm,
to the rhythm of nature and the seasons.
It is hardly surprising, therefore, that this
love of the outdoors and a passion for floral
and interior design culminated in a career
of professional floristry. Lut Verkinderen,
who is happy to share her insights and love
for floral arrangements, gives workshops
and demonstrations at major floral events.
Since 2007 Lut runs her own flower school
where she teaches different techniques
(weaving, stringing, clamping, stacking,
bundling), brings new materials and introduces
her students to harmonious colours and
special structures.

De liefde voor het buitenleven en een passie
voor florale en interieurvormgeving leidde
tot een carriere als professionele floriste.
Lut Verkinderen deelt haar inzichten en liefde
voor de bloemsierkunst graag en doet dat
niet alleen tijdens workshops en demonstraties
op grote florale evenementen, maar sinds
2007 ook in haar eigen bloemenschool.
Verschillende technieken (weven, rijgen,
klemmen, stapelen, bundelen), nieuwe
materialen, harmonieuze kleuren en bijzondere
structuren staan centraal in het lesprogramma.

AUTHOR/AUTEUR
Lut Verkinderen
Muylebeekstraat 90
1570 Tollembeek
www.bloemenschool.be
info@lutverkinderen.be

PHOTOGRAPHY/FOTOGRAFIE
Caroline Monthaye

LAYOUT/VORMGEVING
Group Van Damme
www.groupvandamme.eu

PRINT/DRUK
PurePrint
www.pureprint.be

FINAL EDITING/EINDREDACTIE
Katrien Van Moerbeke

PUBLISHED BY/EEN UITGAVE VAN
Stichting Kunstboek bvba
Legeweg 165
B-8020 Oostkamp
Belgium
Tel. +32 50 46 19 10
Fax + 32 50 46 19 18
info@stichtingkunstboek.com
www.stichtingkunstboek.com

ISBN 978-90-5856-478-8
D/2013/6407/46
NUR 421

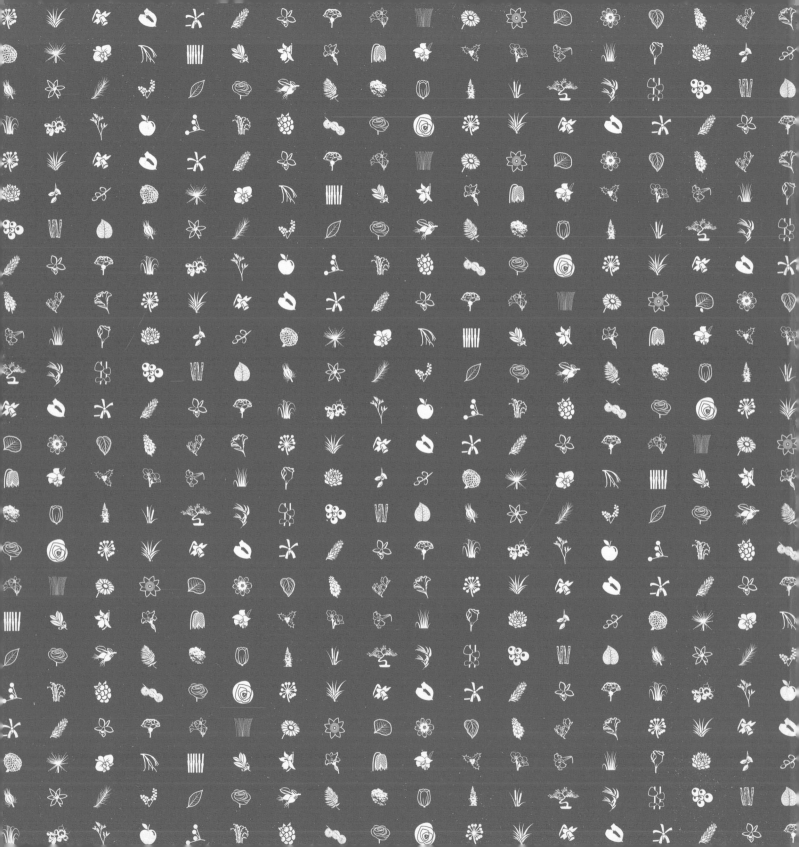